한자능력검정시험

급수한자

초등학생용
7급·7급Ⅱ공용

7급

빨리따기

①과정

(사)한국어문회 주관 한국한자능력검정회 시행

7급·7급Ⅱ공용   7급은 ①, ②과정 전 2권으로 구성되어 있습니다.

전국적으로 초, 중, 고 학생들에게 급수한자 열풍이 대단합니다.
2005년도 대학 수학 능력 시험부터 제2외국어 영역에 한문 과목이 추가되고, 한자 공인 급수 자격증에 대한 각종 특전이 부여됨에 따라 한자 교육에 가속도가 붙고 있습니다. 이러한 교육 환경에서 초등학생의 한자 학습에 대한 열풍은 자연스럽게 한자능력검정시험에까지 이어지고 있습니다.
이에 (주)기탄교육은 초등학생 전용 급수한자 학습지 《기탄급수한자 빨리따기》를 선보이게 되었습니다. 《기탄급수한자 빨리따기》는 초등학생의 수준에 알맞게 구성되어 더욱 쉽고 빠르게 원하는 급수를 취득할 수 있습니다. 이제 초등학생들의 한자능력검정시험 준비는 《기탄급수한자 빨리따기》로 시작하세요. 한자 학습의 목표를 정해 주어 학습 성취도가 높고, 공부하는 재미를 동시에 느낄 수 있습니다.

《기탄급수한자 빨리따기》 이런 점이 좋아요.

• 두꺼운 분량의 문제집이 아닌 각 급수별로 분권하여 학습 성취도가 높습니다.
• 출제 유형을 꼼꼼히 분석한 기출예상문제풀이로 시험 대비에 효과적입니다.
• 만화, 전래 동화, 수수께끼 등 다양한 학습법으로 지루하지 않게 공부합니다.

👆 한자능력검정시험이란?

● 사단법인 한국어문회에서 주관하고 한국한자능력검정회가 시행하는 한자 활용능력 시험을 말합니다. 1992년 12월 9일 1회 시험이 시행되었고, 2001년 1월 1일 이후로 국가 공인자격시험(특급~3급Ⅱ)으로 치러지고 있습니다.

👆 한자능력검정시험은 언제, 어떻게 치르나요?

● 한자능력검정시험은 공인급수(특급~3급Ⅱ)와 교육급수(4급~8급)로 나뉘어 실시합니다. 응시 자격은 연령, 성별, 학력 제한 없이 모든 급수에 응시할 수 있습니다. 기타 자세한 사항은 한국어문회 홈페이지(www.hanja.re.kr)를 참조하세요.

👆 한자능력검정시험의 급수는 어떻게 나누어지나요?

● 한자능력검정시험은 공인급수와 교육급수로 나누어져 있으며, 8급에서 특급까지 배정되어 있습니다.

한자능력검정시험 급수 배정

	급수	읽기	쓰기	수준 및 특성
공인급수	특급	5,978	3,500	국한혼용 고전을 불편 없이 읽고, 연구할 수 있는 수준 고급
	특급Ⅱ	4,918	2,355	국한혼용 고전을 불편 없이 읽고, 연구할 수 있는 수준 중급
	1급	3,500	2,005	국한혼용 고전을 불편 없이 읽고, 연구할 수 있는 수준 초급
	2급	2,355	1,817	상용한자를 활용하는 것은 물론 인명지명용 기초한자 활용 단계
	3급	1,817	1,000	고급 상용한자 활용의 중급 단계
	3급Ⅱ	1,500	750	고급 상용한자 활용의 초급 단계
교육급수	4급	1,000	500	중급 상용한자 활용의 고급 단계
	4급Ⅱ	750	400	중급 상용한자 활용의 중급 단계
	5급	500	300	중급 상용한자 활용의 초급 단계
	5급Ⅱ	400	225	중급 상용한자 활용의 초급 단계
	6급	300	150	기초 상용한자 활용의 고급 단계
	6급Ⅱ	225	50	기초 상용한자 활용의 중급 단계
	7급	150	0	기초 상용한자 활용의 초급 단계
	7급Ⅱ	100	0	기초 상용한자 활용의 초급 단계
	8급	50	0	한자 학습 동기 부여를 위한 급수

한자능력검정시험에는 어떤 문제가 나오나요?

● 급수별로 자세한 내용은 다음과 같습니다.

한자능력검정시험 급수별 출제 기준

구분	공인급수						교육급수								
	특급	특급Ⅱ	1급	2급	3급	3급Ⅱ	4급	4급Ⅱ	5급	5급Ⅱ	6급	6급Ⅱ	7급	7급Ⅱ	8급
읽기배정한자	5,978	4,918	3,500	2,355	1,817	1,500	1,000	750	500	400	300	225	150	100	50
쓰기배정한자	3,500	2,355	2,005	1,817	1,000	750	500	400	300	225	150	50	0	0	0
독음	45	45	50	45	45	45	32	35	35	35	33	32	32	22	24
훈음	27	27	32	27	27	27	22	22	23	23	22	29	30	30	24
장단음	10	10	10	5	5	5	3	0	0	0	0	0	0	0	0
반의어	10	10	10	10	10	10	3	3	3	3	3	2	2	2	0
완성형	10	10	15	10	10	10	5	5	4	4	3	2	2	2	0
부수	10	10	10	5	5	5	3	3	0	0	0	0	0	0	0
동의어	10	10	10	5	5	5	3	3	3	3	2	0	0	0	0
동음이의어	10	10	10	5	5	5	3	3	3	3	2	0	0	0	0
뜻풀이	5	5	5	5	5	5	3	3	3	3	2	2	2	2	0
약자	3	3	3	3	3	3	3	3	3	3	0	0	0	0	0
한자 쓰기	40	40	40	30	30	30	20	20	20	20	20	10	0	0	0
필순	0	0	0	0	0	0	0	0	3	3	3	3	2	2	2
한문	20	20	0	0	0	0	0	0	0	0	0	0	0	0	0

※쓰기 배정 한자는 한두 급수 아래의 읽기 배정 한자이거나 그 범위 내에 있습니다.
※출제 기준표는 기본 지침 자료로서, 출제자의 의도에 따라 차이가 있을 수 있습니다.

한자능력검정시험 합격 기준

구분	공인급수					교육급수								
	특급·특급Ⅱ	1급	2급	3급	3급Ⅱ	4급	4급Ⅱ	5급	5급Ⅱ	6급	6급Ⅱ	7급	7급Ⅱ	8급
출제문항	200	200	150			100				90	80	70	60	50
합격문항	160	160	105			70				63	56	49	42	35
시험시간	100분	90분	60분			50분								

※특급·특급Ⅱ·1급은 출제 문항의 80% 이상, 2급~8급은 70% 이상 득점하면 합격입니다.

한자능력검정시험에 합격하면 어떤 좋은 점이 있나요?

● 특급~3급Ⅱ를 취득하면 국가 공인 자격증으로서 관련 국가자격을 규정하고 있는 법령에 의하여 국가자격 취득자와 동등한 대우 및 혜택이 주어집니다.
● 대학 입시 수시 모집 및 특기자 전형에 지원이 가능합니다.
● 대학 입시 면접에 가산점 부여 및 졸업 인증, 학점 반영 등 혜택이 주어집니다.
● 기업체의 입사, 승진 등 인사 고과에 반영됩니다.

구성과 특징

7급·7급Ⅱ 신출 한자 100자를 ①, ②과정으로 분권하여 구성하였습니다. 두꺼운 분량의 책으로 공부할 때보다 학습자의 성취감을 높여 줍니다.

자원
한자가 만들어지는 과정을 통해 한자를 기억하는 데 도움을 줍니다.

그림
한자의 훈(뜻)에 해당하는 개념을 그림으로 표현하여 쉽게 이해하도록 합니다.

쓰기
한자 따라 쓰기, 훈음 쓰기 등의 과정을 통해 한자의 3요소를 완전 학습하도록 합니다.

부수 및 필순
한자의 기본이 되는 부수를 익히고, 한자를 바르게 쓸 수 있도록 필순을 제시하였습니다.

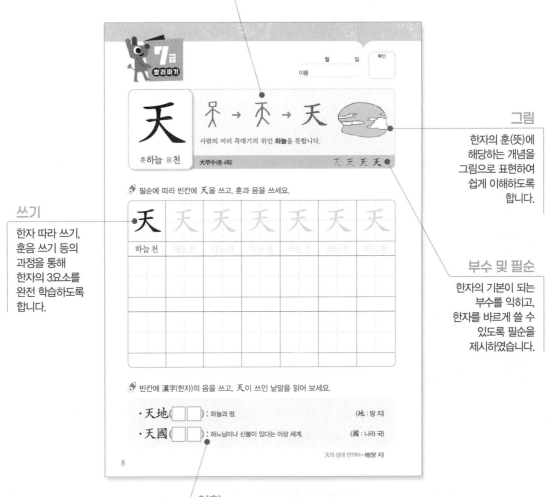

어휘
다른 자와 결합된 한자어를 학습하여 어휘력을 높이도록 하였습니다.

도입

7급·7급Ⅱ 신출 한자 100자를
주제별로 분류하여 그림과 함께
소개합니다.

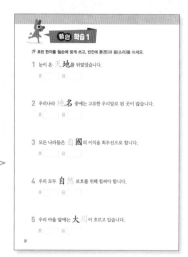

확인 학습

앞서 배운 한자를 문장 속에
적용하여 학습 효과를 높입니다.

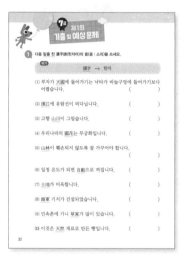

기출 및 예상 문제

시험에 출제되었던 문제와 예상 문제를
통하여 실력을 다집니다.

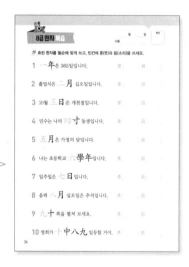

8급 한자 복습

8급 한자 50자를 문장 속에
적용하여 학습 효과를 높입니다.

부록

상대 반대적인 개념을 지닌 한자를
정리하여 한자 학습의 범위를 넓히고
실제 시험을 대비합니다.

모의 한자능력검정시험

실제 시험 출제 유형과 똑같은
모의 한자능력검정시험 3회를 통하여
실전 감각을 높일 수 있습니다.

답안지

실제 시험과 똑같은 모양의
답안 작성 연습으로 답안 작성 시
실수를 줄일 수 있습니다.

한자능력검정시험
자연 익히기

7급

자연과 관련된 한자입니다.

 天 하늘 천

地 땅 지

 自 스스로 자

 然 그럴 연

 川 내 천

 江 강 강

 海 바다 해

 林 수풀 림

 花 꽃 화

 草 풀 초

월   일   확인

이름

天

훈 하늘 음 천

사람의 머리 꼭대기의 위인 **하늘**을 뜻합니다.

大부수(총 4획)   天 天 天 天

✏ 필순에 따라 빈칸에 天을 쓰고, 훈과 음을 쓰세요.

天	天	天	天	天	天	天
하늘 천	하늘 천	하늘 천	하늘 천	하늘 천	하늘 천	하늘 천

✏ 빈칸에 漢字(한자)의 음을 쓰고, 天이 쓰인 낱말을 읽어 보세요.

· 天地(☐☐) : 하늘과 땅.   (地 : 땅 지)

· 天國(☐☐) : 하느님이나 신불이 있다는 이상 세계.   (國 : 나라 국)

天의 상대 반의어─地(땅 지)

8

地

훈 **땅** 음 **지**

土부수(총 6획)

뱀(也)이 땅(土)에서 꿈틀거린다는 데서 **땅**을 뜻합니다.

地 地 地 地 地 地

🖊 필순에 따라 빈칸에 地를 쓰고, 훈과 음을 쓰세요.

地	地	地	地	地	地	地
땅지	땅지	땅지	땅지	땅지	땅지	땅지

🖊 빈칸에 漢字(한자)의 음을 쓰고, 地가 쓰인 낱말을 읽어 보세요.

· **土地**(☐☐) : 사람의 생활과 활동에 이용하는 땅.　　　　　(土 : 흙 토)

· **地名**(☐☐) : 마을이나 지방, 산천, 지역 따위의 이름.　　　　(名 : 이름 명)

地의 상대 반의어 – 天(하늘 천)

월   일   확인

이름

自

훈 <u>스스로</u> 음 <u>자</u>

코의 모양을 본뜬 글자로, 손가락으로 코를
가리킨다는 데서 **자기**, **스스로**를 뜻합니다.

自부수(총 6획)

自 自 自 自 自 自

📎 필순에 따라 빈칸에 自를 쓰고, 훈과 음을 쓰세요.

自	自	自	自	自	自	自
스스로 자	스스로 자	스스로 자	스스로 자	스스로 자	스스로 자	스스로 자

📎 빈칸에 漢字(한자)의 음을 쓰고, 自 가 쓰인 낱말을 읽어 보세요.

· **自動**(　　) : 기계나 설비 따위가 <u>스스로</u> 작동함.　　　　(動 : 움직일 동)

· **自國**(　　) : 자기 나라.　　　　(國 : 나라 국)

然

훈 그럴 음 연

然 → 然 → 然

개(犬) 고기(肉)를 불(灬)에 굽는 것을 나타내어 **그러하다**를 뜻합니다.

灬(火)부수(총 12획) 然 然 然 然 然 然 然 然 然 然 然 然

📝 필순에 따라 빈칸에 然을 쓰고, 훈과 음을 쓰세요.

然	然	然	然	然	然	然
그럴 연	그럴 연	그럴 연	그럴 연	그럴 연	그럴 연	그럴 연

📝 빈칸에 漢字(한자)의 음을 쓰고, 然이 쓰인 낱말을 읽어 보세요.

· 天然(☐☐) : 사람의 힘을 가하지 아니한 상태.   (天 : 하늘 천)

· 自然(☐☐) : 사람의 힘이 더해지지 아니하고 스스로 존재하거나 이루어진 상태.

(自 : 스스로 자)

월   일   확인

이름

川

훈 내 음 천

川 → 川 → 川

하천이 구불구불하게 흘러가는 모습을 본뜬 글자로, **냇물**을 뜻합니다.

《《《 부수(총 3획)

川 川 川

🖊 필순에 따라 빈칸에 川을 쓰고, 훈과 음을 쓰세요.

川	川	川	川	川	川	川
내 천	내 천	내 천	내 천	내 천	내 천	내 천

🖊 빈칸에 漢字(한자)의 음을 쓰고, 川이 쓰인 낱말을 읽어 보세요.

· 山川 (☐☐) : 산과 내.   (山 : 메 산)

· 大川 (☐☐) : 큰 내.   (大 : 큰 대)

川의 상대 반의어-山(메 산)

江

훈 강 음 강

氵 + 工 = 江

물 수   장인공

뜻을 나타내는 氵(물 수)와 소리를 나타내는
工(장인 공)을 합쳐서 **강**을 뜻합니다.

氵(水)부수(총 6획)

江 江 江 江 江 江

🔖 필순에 따라 빈칸에 江을 쓰고, 훈과 음을 쓰세요.

江	江	江	江	江	江	江
강강	강강	강강	강강	강강	강강	강강

🔖 빈칸에 漢字(한자)의 음을 쓰고, 江이 쓰인 낱말을 읽어 보세요.

· 江山(☐☐) : 강과 산.   (山 : 메 산)

· 漢江(☐☐) : 우리나라 중부를 흐르는 강.   (漢 : 한수/한나라 한)

江의 상대 반의어-山(메 산)

월   일   확인

이름

海

훈 바다 음 해

ⅰ + 每 = 海

물수   매양 매

뜻을 나타내는 ⅰ(물 수)와 소리를 나타내는
每(매양 매)를 합쳐서 **바다**를 뜻합니다.

ⅰ(水)부수(총 10획)   海 海 海 海 海 海 海 海 海 海

📎 필순에 따라 빈칸에 海를 쓰고, 훈과 음을 쓰세요.

海	海	海	海	海	海	海
바다 해	바다 해	바다 해	바다 해	바다 해	바다 해	바다 해

📎 빈칸에 漢字(한자)의 음을 쓰고, 海가 쓰인 낱말을 읽어 보세요.

· 東海(☐ ☐) : 동쪽에 있는 바다.　　　　　　　　　　　　(東 : 동녘 동)

· 海軍(☐ ☐) : 바다에서 공격과 방어의 임무를 수행하는 군대.　　(軍 : 군사 군)

海의 상대 반의어–山(메 산)

14

월   일   확인

이름

林

훈 **수풀** 음 **림**

木 + 木 = 林

나무 목   나무 목

두 그루의 나무가 서 있는 모양을 본뜬 글자로,
나무가 많이 늘어선 **숲**, **수풀**을 뜻합니다.

木부수(총 8획)

林 林 林 林 林 林 林 林

🖊 필순에 따라 빈칸에 林을 쓰고, 훈과 음을 쓰세요.

林	林	林	林	林	林	林
수풀 림	수풀 림	수풀 림	수풀 림	수풀 림	수풀 림	수풀 림

🖊 빈칸에 漢字(한자)의 음을 쓰고, 林이 쓰인 낱말을 읽어 보세요.

· 山林(　　) : 산과 숲.   (山 : 메 산)

· 育林(　　) : 나무를 심거나 씨를 뿌려 인공적으로 나무를 가꾸는 일. (育 : 기를 육)

15

월   일   확인

이름

훈 꽃 음 화

싹눈(⺾) 같은 봉오리가 변하여(化) 꽃이 된다는 데서 **꽃**을 뜻합니다.

⺾(艸)부수(총 8획)

花 花 花 花 花 花 花 花

🔖 필순에 따라 빈칸에 花를 쓰고, 훈과 음을 쓰세요.

花	花	花	花	花	花	花
꽃화	꽃화	꽃화	꽃화	꽃화	꽃화	꽃화

🔖 빈칸에 漢字(한자)의 음을 쓰고, 花가 쓰인 낱말을 읽어 보세요.

・花草(☐☐) : 꽃이 피는 풀과 나무.   (草 : 풀 초)

・國花(☐☐) : 한 나라를 상징하는 꽃.   (國 : 나라 국)

草

훈 풀 음 초

ㅣ → ㅛ + 早 → 草

이를조

처음에는 한 포기의 풀이 난 모습으로 표기하다가
早(이를 조)를 합하여 **풀**을 뜻하게 된 한자입니다.

艹(艸)부수(총 10획) 草 草 草 草 草 草 草 草 草 草

✏️ 필순에 따라 빈칸에 草를 쓰고, 훈과 음을 쓰세요.

草	草	草	草	草	草	草
풀 초	풀 초	풀 초	풀 초	풀 초	풀 초	풀 초

✏️ 빈칸에 漢字(한자)의 음을 쓰고, 草가 쓰인 낱말을 읽어 보세요.

- 草木(　　) : 풀과 나무.   (木 : 나무 목)

- 草家(　　) : 짚이나 갈대 따위로 지붕을 인 집.   (家 : 집 가)

흐린 한자를 필순에 맞게 쓰고, 빈칸에 훈(뜻)과 음(소리)을 쓰세요.

1 눈이 온 天**地**를 뒤덮었습니다.

훈 [   ]　　음 [   ]

2 우리나라 地**名** 중에는 고유한 우리말로 된 곳이 많습니다.

훈 [   ]　　음 [   ]

3 모든 나라들은 自**國**의 이익을 최우선으로 합니다.

훈 [   ]　　음 [   ]

4 우리 모두 **自**然 보호를 위해 힘써야 합니다.

훈 [   ]　　음 [   ]

5 우리 마을 앞에는 **大**川이 흐르고 있습니다.

훈 [   ]　　음 [   ]

6 우리나라 은 세계 어느 나라보다 아름답습니다.

훈 [   ]   음 [   ]

7 바다에서 싸우는 군인을 이라고 합니다.

훈 [   ]   음 [   ]

8 을 보호하기 위해서는 작은 불씨도 조심해야 합니다.

훈 [   ]   음 [   ]

9 우리나라 는 무궁화입니다.

훈 [   ]   음 [   ]

10 여름이 되면 草木의 색깔이 짙어집니다.

훈 [   ]   음 [   ]

1 다음 밑줄 친 漢字語(한자어)의 音(음 : 소리)을 쓰세요.

보기

漢字 ➡ 한자

(1) 부자가 天國에 들어가기는 낙타가 바늘구멍에 들어가기보다
어렵습니다. ( )

(2) 漢江에 유람선이 떠다닙니다. ( )

(3) 고향 山川이 그립습니다. ( )

(4) 우리나라의 國花는 무궁화입니다. ( )

(5) 山林이 훼손되지 않도록 잘 가꾸어야 합니다.
( )

(6) 일정 온도가 되면 自動으로 꺼집니다. ( )

(7) 土地가 비옥합니다. ( )

(8) 海軍 기지가 건설되었습니다. ( )

(9) 민속촌에 가니 草家가 많이 있습니다. ( )

(10) 이것은 天然 재료로 만든 빵입니다. ( )

2 다음 漢字(한자)의 訓(훈 : 뜻)과 音(음 : 소리)을 쓰세요.

> 보기
>
> 字 ➡ 글자 자

(1) 花 (   )   (2) 自 (   )

(3) 地 (   )   (4) 海 (   )

(5) 江 (   )   (6) 草 (   )

(7) 川 (   )   (8) 天 (   )

(9) 然 (   )   (10) 林 (   )

3 다음 밑줄 친 단어의 漢字語(한자어)를 보기 에서 골라 그 번호를 쓰세요.

> 보기
>
> ① 江南   ② 花草   ③ 海外   ④ 自然

(1) 봄이 되면 강남 갔던 제비가 돌아옵니다.   (   )

(2) 삼촌은 해외에서 근무하고 계십니다.   (   )

(3) 할머니는 화초에 물을 주고 계십니다.   (   )

(4) 자연을 보호해야 합니다.   (   )

4 다음 訓(훈 : 뜻)과 音(음 : 소리)에 맞는 漢字(한자)를 보기 에서 골라 그 번호를 쓰세요.

보기

① 然   ② 天   ③ 草   ④ 自   ⑤ 川
⑥ 林   ⑦ 地   ⑧ 花   ⑨ 江   ⑩ 海

(1) 바다 해   (   )   (2) 내 천   (   )

(3) 꽃 화   (   )   (4) 수풀 림 (   )

(5) 스스로 자 (   )   (6) 풀 초   (   )

(7) 하늘 천   (   )   (8) 강 강   (   )

(9) 땅 지   (   )   (10) 그럴 연 (   )

5 다음 밑줄 친 구절의 뜻에 가장 가까운 漢字語(한자어)를 보기 에서 골라 그 번호를 쓰세요.

보기

① 海水   ② 自國   ③ 自生   ④ 東海

(1) 세계 각국은 자기 나라의 이익을 가장 우선합니다.

(   )

(2) 해가 동쪽 바다 위로 솟아오르고 있습니다. (   )

6 다음 漢字(한자)의 상대 또는 반대되는 漢字(한자)를 보기 에서 골라 그 번호를 쓰세요.

> 보기
> ① 地   ② 自   ③ 江   ④ 林

(1) 天 ↔ (   )   (2) 山 ↔ (   )

7 다음 漢字語(한자어)의 뜻을 쓰세요.

(1) 山林   (   )
(2) 地名   (   )

8 다음 漢字(한자)의 진하게 표시한 획은 몇 번째 쓰는지 보기 에서 찾아 그 번호를 쓰세요.

> 보기
> ① 첫 번째   ② 두 번째   ③ 세 번째   ④ 네 번째
> ⑤ 다섯 번째   ⑥ 여섯 번째   ⑦ 일곱 번째   ⑧ 여덟 번째
> ⑨ 아홉 번째   ⑩ 열 번째

(1) 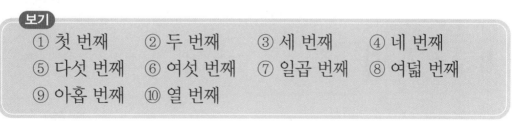 (   )   (2) 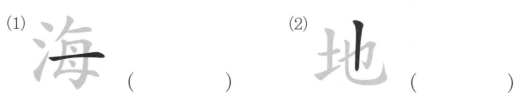 (   )

월   일

이름

🔖 흐린 한자를 필순에 맞게 쓰고, 빈칸에 훈(뜻)과 음(소리)을 쓰세요.

1 一年은 365일입니다.   훈 ☐   음 ☐

2 졸업식은 二月 십오일입니다.   훈 ☐   음 ☐

3 10월 三日은 개천절입니다.   훈 ☐   음 ☐

4 민수는 나의 四寸 동생입니다.   훈 ☐   음 ☐

5 五月은 가정의 달입니다.   훈 ☐   음 ☐

6 나는 초등학교 六學年입니다.   훈 ☐   음 ☐

7 일주일은 七日입니다.   훈 ☐   음 ☐

8 음력 八月 십오일은 추석입니다.   훈 ☐   음 ☐

9 九十 쪽을 펼쳐 보세요.   훈 ☐   음 ☐

10 영희가 十中八九 일등할 거야.   훈 ☐   음 ☐

한자능력검정시험
자연·방위 익히기

7급

자연·방위와 관련된 한자입니다.

 植 심을 식

 物 물건 물

 色 빛 색

 上 윗 상

 下 아래 하

 左 왼 좌

 右 오른 우

 前 앞 전

 後 뒤 후

 內 안 내

월   일   확인

이름

植

훈 심을 음 식

木 + 直 = 植

나무 목   곧을 직

나무(木)를 곧게(直) 세워서 심는다는 데서
심다를 뜻합니다.

木부수(총 12획)   植植植植植植植植植植植植

🖊 필순에 따라 빈칸에 植을 쓰고, 훈과 음을 쓰세요.

植	植	植	植	植	植	植
심을 식	심을 식	심을 식	심을 식	심을 식	심을 식	심을 식

🖊 빈칸에 漢字(한자)의 음을 쓰고, 植이 쓰인 낱말을 읽어 보세요.

· 植物(☐☐) : 뿌리, 잎, 줄기로 산소를 배출하고 광합성을 하는 생물체. (物 : 물건 물)

· 植木日(☐☐☐) : 나무를 많이 심고 아껴 가꾸도록 권장하기 위하여 국가에서
정한 날.   (木 : 나무 목, 日 : 날 일)

26

物

훈 물건 음 물

牛 + 勿 = 物
소우   말물

뜻을 나타내는 牜(소 우)와 소리를 나타내는 勿(말 물)을
합해, 소가 만물의 대표라는 데서 **물건**을 뜻합니다.

牛부수(총 8획)

物 物 物 物 物 物 物 物

🖊 필순에 따라 빈칸에 物을 쓰고, 훈과 음을 쓰세요.

物	物	物	物	物	物	物
물건 물	물건 물	물건 물	물건 물	물건 물	물건 물	물건 물

🖊 빈칸에 漢字(한자)의 음을 쓰고, 物이 쓰인 낱말을 읽어 보세요.

· 動物(□□) : 식물과 달리 움직이는 생물체.   (動 : 움직일 동)

· 名物(□□) : 어떤 지방의 이름난 산물.   (名 : 이름 명)

월 일 확인

이름

色

훈빛 음색

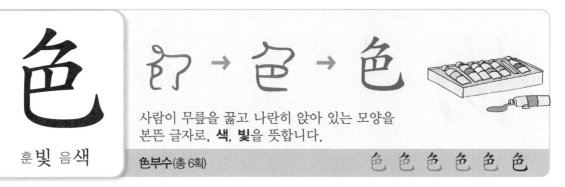

사람이 무릎을 꿇고 나란히 앉아 있는 모양을
본뜬 글자로, **색**, **빛**을 뜻합니다.

色부수(총 6획) 色 色 色 色 色 色

📎 필순에 따라 빈칸에 色을 쓰고, 훈과 음을 쓰세요.

色	色	色	色	色	色	色
빛 색	빛 색	빛 색	빛 색	빛 색	빛 색	빛 색

📎 빈칸에 漢字(한자)의 음을 쓰고, 色이 쓰인 낱말을 읽어 보세요.

· 色紙(☐☐) : 색종이. 여러 가지 색깔로 물들인 종이. (紙 : 종이 지)

· 白色(☐☐) : 흰색. (白 : 흰 백)

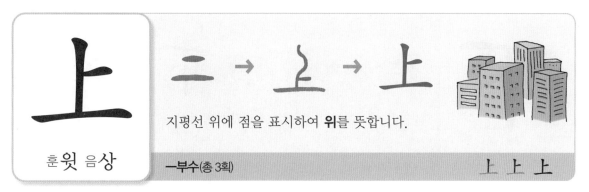

上

훈 윗 음 상

一부수(총 3획)

지평선 위에 점을 표시하여 **위**를 뜻합니다.

上 上 上

📝 필순에 따라 빈칸에 上을 쓰고, 훈과 음을 쓰세요.

上	上	上	上	上	上	上
윗상	윗상	윗상	윗상	윗상	윗상	윗상

📝 빈칸에 漢字(한자)의 음을 쓰고, 上이 쓰인 낱말을 읽어 보세요.

· 地上(☐ ☐) : 땅의 위.   (地 : 땅 지)

· 海上(☐ ☐) : 바다의 위.   (海 : 바다 해)

上의 상대 반의어 - 下(아래 하)

월   일   확인

이름

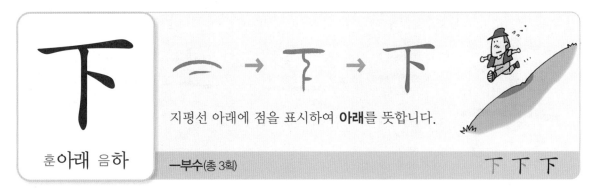

下

훈 아래 음 하

지평선 아래에 점을 표시하여 **아래**를 뜻합니다.

一부수(총 3획)

下 下 下

📀 필순에 따라 빈칸에 下를 쓰고, 훈과 음을 쓰세요.

下	下	下	下	下	下	下
아래 하	아래 하	아래 하	아래 하	아래 하	아래 하	아래 하

📀 빈칸에 漢字(한자)의 음을 쓰고, 下가 쓰인 낱말을 읽어 보세요.

· 下校(☐☐) : 공부를 끝내고 학교에서 집으로 돌아옴.   (校 : 학교 교)

· 天下(☐☐) : 하늘 아래 온 세상.   (天 : 하늘 천)

下의 상대 반의어─上(윗 상)

30

월   일   확인

이름

훈 왼 음 좌

工부수(총 5획)

左 → 左 → 左

왼손의 모양을 본뜬 글자(ナ)에 工(장인 공)을 덧붙여 **왼쪽**을 뜻합니다.

左 左 左 左 左

✏ 필순에 따라 빈칸에 左를 쓰고, 훈과 음을 쓰세요.

左	左	左	左	左	左	左
왼 좌	왼좌	왼좌	왼좌	왼좌	왼좌	왼좌

✏ 빈칸에 漢字(한자)의 음을 쓰고, 左가 쓰인 낱말을 읽어 보세요.

· 左手(☐ ☐) : 왼손. (手 : 손 수)

· 左心室(☐ ☐ ☐) : 심장의 왼쪽 아래에 있는 방. (心 : 마음 심, 室 : 집 실)

左의 상대 반의어 – 右(오른 우)

월   일   확인

이름

右

훈 오른 음 우

ㅎ → 右 → 右

오른손의 모양을 본뜬 글자(ナ)에 口(입 구)를 덧붙여 **오른쪽**을 뜻합니다.

口부수(총 5획)

右 右 右 右 右

필순에 따라 빈칸에 右를 쓰고, 훈과 음을 쓰세요.

右	右	右	右	右	右	右
오른우	오른우	오른우	오른우	오른우	오른우	오른우

빈칸에 漢字(한자)의 음을 쓰고, 右가 쓰인 낱말을 읽어 보세요.

·右中間(☐☐☐) : 중앙과 오른쪽의 사이.   (中 : 가운데 중, 間 : 사이 간)

·左右(☐☐) : 왼쪽과 오른쪽.   (左 : 왼 좌)

右의 상대 반의어-左(왼 좌)

월 일   확인

이름

前

훈 앞 음 전

貝 → 肖 → 前

배 위에 발을 얹고 배가 앞으로 나아가는 데서 **앞**을 뜻합니다.

刂(刀)부수 (총 9획)

前 前 前 前 前 前 前 前 前

📝 필순에 따라 빈칸에 前을 쓰고, 훈과 음을 쓰세요.

前	前	前	前	前	前	前
앞 전	앞 전	앞 전	앞 전	앞 전	앞 전	앞 전

📝 빈칸에 漢字(한자)의 음을 쓰고, 前이 쓰인 낱말을 읽어 보세요.

· 前後(☐☐) : 앞뒤. (後 : 뒤 후)

· 事前(☐☐) : 일이 일어나기 전. (事 : 일 사)

前의 상대 반의어-後(뒤 후)

後

훈 뒤 음 후

彳 + 幺 + 夂 = 後

조금 걸을 척　　작을 요　　뒤져서 올 치

발걸음(彳)을 조금씩(幺) 내딛으며 뒤처져(夂)
온다는 데서 **뒤**를 뜻합니다.

彳부수(총 9획)　　　後 後 後 後 後 後 後 後 後

✏️ 필순에 따라 빈칸에 後를 쓰고, 훈과 음을 쓰세요.

後	後	後	後	後	後	後
뒤 후	뒤 후	뒤 후	뒤 후	뒤 후	뒤 후	뒤 후

✏️ 빈칸에 漢字(한자)의 음을 쓰고, 後가 쓰인 낱말을 읽어 보세요.

· 後世(　　　) : 다음에 오는 세상. 또는 다음 세대의 사람들.　　　　(世 : 인간 세)

· 後日(　　　) : 뒷날.　　　　　　　　　　　　　　　　　　　　(日 : 날 일)

後의 상대 반의어—前(앞 전), 先(먼저 선)

월   일   확인

이름

훈 안 음 내

집(冂) 안으로 들어간다는(入) 데서 **안**을 뜻합니다.

入부수(총 4획)

內 內 內 內

📝 필순에 따라 빈칸에 內를 쓰고, 훈과 음을 쓰세요.

內	內	內	內	內	內	內
안 내	안 내	안 내	안 내	안 내	안 내	안 내

📝 빈칸에 漢字(한자)의 음을 쓰고, 內가 쓰인 낱말을 읽어 보세요.

• 市內 (☐☐) : 도시의 안.   (市 : 저자 시)

• 內面 (☐☐) : 밖으로 드러나지 아니하는 사람의 속마음.   (面 : 낯 면)

內의 상대 반의어─外(바깥 외)

35

✏️ 흐린 한자를 필순에 맞게 쓰고, 빈칸에 훈(뜻)과 음(소리)을 쓰세요.

1 4월 5일은 나무를 심는 植木日 입니다.

훈 [　　　] 음 [　　　]

2 준호는 우리 학교의 名物 입니다.

훈 [　　　] 음 [　　　]

3 나는 미술 시간에 쓸 예쁜 色紙 를 골랐습니다.

훈 [　　　] 음 [　　　]

4 이 비행기는 地上 5000미터 상공을 날고 있습니다.

훈 [　　　] 음 [　　　]

5 나는 下校 시간이 가장 즐겁습니다.

훈 [　　　] 음 [　　　]

6 횡단보도를 건널 때는 左**右**를 잘 살펴야 합니다.

훈 [　　　] 음 [　　　]

7 타자가 친 공이 右**中間**으로 빠졌습니다.

훈 [　　　] 음 [　　　]

8 여행을 떠나기 전 **事**前 준비를 철저히 합니다.

훈 [　　　] 음 [　　　]

9 後**日**을 위해 지금 체력을 아껴 두어라.

훈 [　　　] 음 [　　　]

10 자동차가 **市**內를 가로질러 달렸습니다.

훈 [　　　] 음 [　　　]

1 다음 밑줄 친 漢字語(한자어)의 음(음 : 소리)을 쓰세요.

보기

漢字 ➡ 한자

(1) 植木日에 사과나무를 심었습니다.   (   )

(2) 자연환경은 後世에 물려줄 인류의 재산입니다.
                                                      (   )

(3) 박물관에 色紙 공예품이 전시되었습니다.   (   )

(4) 地上에 사는 동물은 아가미가 없습니다.   (   )

(5) 나는 內心 동건이가 이기기를 바랐습니다.   (   )

(6) 길을 건널 때는 左右를 살피고 건너야 합니다.
                                                      (   )

(7) 수출이 前年에 비해 크게 늘었습니다.   (   )

(8) 학생들이 下校한 뒤의 학교는 조용합니다.   (   )

(9) 강아지는 내가 좋아하는 動物입니다.   (   )

(10) 그는 左手를 내밀었습니다.   (   )

2 다음 漢字(한자)의 訓(훈 : 뜻)과 音(음 : 소리)을 쓰세요.

> 보기
>
> 字 ➡ 글자 자

(1) 左 (   )   (2) 右 (   )

(3) 色 (   )   (4) 植 (   )

(5) 前 (   )   (6) 內 (   )

(7) 後 (   )   (8) 上 (   )

(9) 物 (   )   (10) 下 (   )

3 다음 밑줄 친 단어의 漢字語(한자어)를 보기 에서 골라 그 번호를 쓰세요.

> 보기
>
> ① 內面   ② 天下   ③ 後日   ④ 海上

(1) 한고조 유방은 마침내 천하를 통일했습니다. (   )

(2) 후일을 도모하고 뒤로 물러났습니다.   (   )

(3) 전 해상이 흐리고 높은 파도가 일겠습니다. (   )

(4) 내면 깊숙이 잠재해 있던 가능성을 발견했습니다.

(   )

4 다음 訓(훈 : 뜻)과 音(음 : 소리)에 맞는 漢字(한자)를 보기 에서 골라 그 번호를 쓰세요.

보기

① 物　　② 後　　③ 色　　④ 內　　⑤ 左
⑥ 前　　⑦ 右　　⑧ 上　　⑨ 下　　⑩ 植

(1) 빛 색　　　　(　　　　)　　　(2) 윗 상　　　(　　　　)

(3) 왼 좌　　　　(　　　　)　　　(4) 뒤 후　　　(　　　　)

(5) 물건 물　　　(　　　　)　　　(6) 오른 우　　(　　　　)

(7) 안 내　　　　(　　　　)　　　(8) 심을 식　　(　　　　)

(9) 앞 전　　　　(　　　　)　　　(10) 아래 하　　(　　　　)

5 다음 밑줄 친 구절의 뜻에 가장 가까운 漢字語(한자어)를 보기 에서 골라 그 번호를 쓰세요.

보기

① 同色　　② 植木　　③ 前年　　④ 前後

(1) 몸을 앞뒤로 흔들었습니다.　　　　　　　　　(　　　　)

(2) 한 사람이 한 그루씩 나무를 심었습니다.　　（　　　　)

6 다음 漢字(한자)의 상대 또는 반대되는 漢字(한자)를 [보기]에서 골라 그 번호를 쓰세요.

> **보기**
>
> ① 後   ② 植   ③ 下   ④ 色

(1) 上 ↔ (   )   (2) 前 ↔ (   )

7 다음 漢字語(한자어)의 뜻을 쓰세요.

(1) 市內   (   )

(2) 白色   (   )

8 다음 漢字(한자)의 진하게 표시한 획은 몇 번째 쓰는지 [보기]에서 찾아 그 번호를 쓰세요.

> **보기**
>
> ① 첫 번째   ② 두 번째   ③ 세 번째   ④ 네 번째
> ⑤ 다섯 번째   ⑥ 여섯 번째   ⑦ 일곱 번째   ⑧ 여덟 번째
> ⑨ 아홉 번째   ⑩ 열 번째

(1) 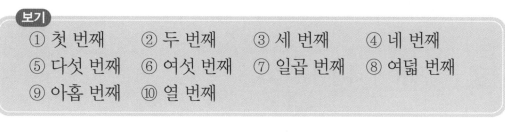 (   )   (2)  (   )

🔖 흐린 한자를 필순에 맞게 쓰고, 빈칸에 훈(뜻)과 음(소리)을 쓰세요.

1 韓日 친선 경기가 열렸습니다.   훈 [ ] 음 [ ]

2 三月 에 새 학기가 시작됩니다.   훈 [ ] 음 [ ]

3 火山 이 폭발했습니다.   훈 [ ] 음 [ ]

4 바닷속에는 수많은 水中 생물이 있습니다.

    훈 [ ] 음 [ ]

5 土木 공사가 진행 중입니다.   훈 [ ] 음 [ ]

6 할아버지는 年金 으로 생활하고 있습니다.

    훈 [ ] 음 [ ]

7 우리나라 國土 는 산지가 많습니다.   훈 [ ] 음 [ ]

8 山水 가 아름답습니다.   훈 [ ] 음 [ ]

9 東山 에 해가 떠올랐습니다.   훈 [ ] 음 [ ]

10 西山 으로 해가 지고 있습니다.   훈 [ ] 음 [ ]

한자능력검정시험
방위·사회 익히기

방위·사회와 관련된 한자입니다.

 出 날출

 入 들입

 正 바를정

 直 곧을직

 方 모방

 住 살주

 所 바소

 姓 성성

 名 이름명

 市 저자 시

出

훈 날 음 출

한 발이 동굴 밖으로 나가는 모습을 본뜬 글자로, **나가다**를 뜻합니다.

ㄴ부수(총 5획)

出 出 出 出 出

✏️ 필순에 따라 빈칸에 出을 쓰고, 훈과 음을 쓰세요.

出	出	出	出	出	出	出
날출	날출	날춘	날출	날춘	날출	날출

✏️ 빈칸에 漢字(한자)의 음을 쓰고, 出이 쓰인 낱말을 읽어 보세요.

· 出入(☐☐) : 어느 곳을 드나듦.   (入 : 들 입)

· 外出(☐☐) : 집이나 근무지 따위에서 벗어나 잠시 밖으로 나감.   (外 : 바깥 외)

出의 상대 반의어 - 入(들 입)

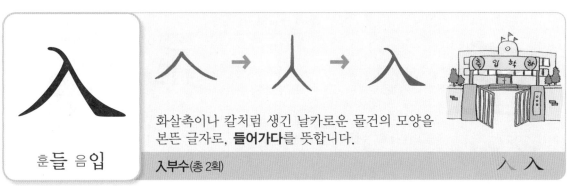

훈들 음입

入부수(총 2획)

入 入

필순에 따라 빈칸에 入을 쓰고, 훈과 음을 쓰세요.

入	入	入	入	入	入	入
들입	들입	들입	들입	들입	들입	들입

빈칸에 漢字(한자)의 음을 쓰고, 入이 쓰인 낱말을 읽어 보세요.

・入口 (☐☐) : 들어가는 통로.　　　　　　　　　(口 : 입 구)

・入場 (☐☐) : 장내로 들어가는 것.　　　　　　　(場 : 마당 장)

入의 상대 반의어-出(날 출)

45

월   일   확인

이름

正

훈 **바를** 음 **정**

목표 지점(一)을 향해 발(止)을 내딛는 모습을 본뜬 글자로, **바르다**를 뜻합니다.

止부수(총 5획)

正 正 正 正 正

🔖 필순에 따라 빈칸에 正을 쓰고, 훈과 음을 쓰세요.

正	正	正	正	正	正	正
바를 정	바를정	바를정	바를정	바를정	바를정	바를정

🔖 빈칸에 漢字(한자)의 음을 쓰고, 正이 쓰인 낱말을 읽어 보세요.

· 正答 (　　) : 옳은 답.　　　　　　　　　　　　　　(答 : 대답 답)

· 正午 (　　) : 낮 열두 시.　　　　　　　　　　　　　(午 : 낮 오)

46

월 _____ 일 _____

확인

이름 _____

直

훈 곧을 음 직

눈 위에 직선이 그어져 있는 모습으로, 시선이
똑바르다는 데서 **곧다**를 뜻합니다.

目부수(총 8획)

直 直 直 直 直 直 直 直

🖊 필순에 따라 빈칸에 直을 쓰고, 훈과 음을 쓰세요.

直	直	直	直	直	直	直
곧을 직	곧을 직	곧을 직	곧을 직	곧을 직	곧을 직	곧을 직

🖊 빈칸에 漢字(한자)의 음을 쓰고, 直이 쓰인 낱말을 읽어 보세요.

· 直立(☐ ☐) : 꼿꼿하게 바로 섬.   (立 : 설 립)

· 正直(☐ ☐) : 마음에 거짓이나 꾸밈이 없이 바르고 곧음.   (正 : 바를 정)

월　　일　　확인

이름

方

훈모 음방

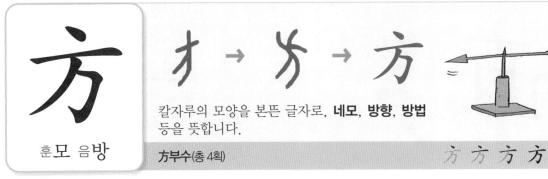

才 → ⅍ → 方

칼자루의 모양을 본뜬 글자로, **네모, 방향, 방법** 등을 뜻합니다.

方부수(총 4획)

方 方 方 方

🖊 필순에 따라 빈칸에 方을 쓰고, 훈과 음을 쓰세요.

方	方	方	方	方	方	方
모방	모방	모방	모방	모방	모방	모방

🖊 빈칸에 漢字(한자)의 음을 쓰고, 方이 쓰인 낱말을 읽어 보세요.

· 地方 (　　) : ① 어느 방면의 땅. ② 서울 이외의 지역.　　　　(地 : 땅 지)

· 四方 (　　) : 동, 서, 남, 북 네 방위를 통틀어 이르는 말.　　　　(四 : 넉 사)

住

훈 살 음 주

イ + 主 = 住

사람 인 · 주인/임금 주

사람(イ)이 일정한 곳에 주인(主)으로 사는 데서 **살다, 머무르다**를 뜻합니다.

イ(人)부수(총 7획)

住 住 住 住 住 住 住

🖊️ 필순에 따라 빈칸에 住를 쓰고, 훈과 음을 쓰세요.

住	住	住	住	住	住	住
살주	살주	살주	살주	살주	살주	살주

🖊️ 빈칸에 漢字(한자)의 음을 쓰고, 住가 쓰인 낱말을 읽어 보세요.

- 住民(☐☐) : 일정한 지역에 살고 있는 사람.   (民 : 백성 민)

- 住所(☐☐) : 사람이 살고 있는 곳이나 기관, 회사 따위가 자리 잡고 있는 곳을 행정 구역으로 나타낸 이름.   (所 : 바 소)

월   일   확인

이름

所

所 → 所 → 所

본래는 나무를 베는 도끼 소리를 뜻하였으나,
후에 **곳**, **장소**를 뜻하게 된 한자입니다.

훈바 음소

戶부수(총 8획)

所 所 所 所 所 所 所 所

📏 필순에 따라 빈칸에 所를 쓰고, 훈과 음을 쓰세요.

所	所	所	所	所	所	所
바소	바소	바소	바소	바소	바소	바소

📏 빈칸에 漢字(한자)의 음을 쓰고, 所가 쓰인 낱말을 읽어 보세요.

· **所重**(□□) : 매우 귀중함.   (重 : 무거울 중)

· **所有**(□□) : 가지고 있음.   (有 : 있을 유)

姓
훈성 음성

女 + 生 = 姓
계집 녀   날 생

어떤 집 여자(女)로부터 태어난(生) 같은 혈족의
이름, 즉 **성**을 뜻합니다.

女부수(총 8획)

姓 姓 姓 姓 姓 姓 姓 姓

🖊 필순에 따라 빈칸에 姓을 쓰고, 훈과 음을 쓰세요.

姓	姓	姓	姓	姓	姓	姓
성 성	성 성	성 성	성 성	성 성	성 성	성 성

🖊 빈칸에 漢字(한자)의 음을 쓰고, 姓이 쓰인 낱말을 읽어 보세요.

· 姓名(☐☐) : 성과 이름.   (名 : 이름 명)

· 同姓(☐☐) : 같은 성.   (同 : 한가지 동)

51

名

훈 이름 음 명

口부수 (총 6획)

ᄖ → 召 → 名

저녁(夕)에는 사람이 잘 보이지 않아 입(口)으로
불러야 한다는 데서 **이름**을 뜻합니다.

名 夕 夕 名 名 名

✏️ 필순에 따라 빈칸에 名을 쓰고, 훈과 음을 쓰세요.

名	名	名	名	名	名	名
이름 명	이름명	이름명	이름명	이름명	이름명	이름명

✏️ 빈칸에 漢字(한자)의 음을 쓰고, 名이 쓰인 낱말을 읽어 보세요.

· 名山 (☐☐) : 이름난 산. (山 : 메 산)

· 名所 (☐☐) : 경치나 고적, 산물 따위로 널리 알려진 곳. (所 : 바 소)

월   일   확인

이름

市

훈 저자 음 시

亠 + 巾 = 市

돼지해밑 두   수건 건

물품(巾)을 사고팔기 위해 사람들이 가는(亠) 장소인 **저자(시장)**를 뜻합니다.

巾부수(총 5획)

市 市 市 市 市

✏️ 필순에 따라 빈칸에 市를 쓰고, 훈과 음을 쓰세요.

市	市	市	市	市	市	市
저자 시	저자 시	저자 시	저자 시	저자 시	저자 시	저자 시

✏️ 빈칸에 漢字(한자)의 음을 쓰고, 市가 쓰인 낱말을 읽어 보세요.

· 市民(　　) : 그 시에 사는 사람.　　　　　　　(民 : 백성 민)

· 市長(　　) : 지방 자치 단체인 시의 책임자.　　(長 : 긴 장)

53

확인 학습 3

🖊 흐린 한자를 필순에 맞게 쓰고, 빈칸에 훈(뜻)과 음(소리)을 쓰세요.

1 나는 出國 수속을 밟기 위해 인천 국제공항으로 갔습니다.

훈 ☐ 음 ☐

2 운동장으로 선수들이 入場하고 있습니다.

훈 ☐ 음 ☐

3 正直한 사람은 반드시 성공합니다.

훈 ☐ 음 ☐

4 교통 사고가 나기 바로 直前의 상황이었습니다.

훈 ☐ 음 ☐

5 적들이 四方으로 우리를 포위했습니다.

훈 ☐ 음 ☐

54

6 住所를 정확하게 기입해 주세요.

훈 [   ]   음 [   ]

7 일기장은 나의 가장 所重한 보물 중 하나입니다.

훈 [   ]   음 [   ]

8 미미와 나는 同姓 동본입니다.

훈 [   ]   음 [   ]

9 지리산은 우리나라 名山 중 하나입니다.

훈 [   ]   음 [   ]

10 市長은 우리 시의 발전을 위해 노력합니다.

훈 [   ]   음 [   ]

1 다음 밑줄 친 漢字語(한자어)의 音(음 : 소리)을 쓰세요.

보기

漢字 ➡ 한자

(1) 市民은 민주 사회의 구성원입니다.　　　　　(　　　　)

(2) 지하철 入口로 들어갔습니다.　　　　　　　(　　　　)

(3) 우리 집의 교훈은 正直과 성실입니다.　　　(　　　　)

(4) 어머니가 학교 正門에서 기다리고 계십니다. (　　　　)

(5) 外出 준비를 하였습니다.　　　　　　　　　(　　　　)

(6) 편지에 발신인의 住所가 적혀 있지 않았습니다.
　　　　　　　　　　　　　　　　　　　　　(　　　　)

(7) 名山을 둘러보았습니다.　　　　　　　　　　(　　　　)

(8) 여기에 姓名을 적으세요.　　　　　　　　　　(　　　　)

(9) 四方이 적들로 둘러싸였습니다.　　　　　　　(　　　　)

(10) 인류가 다른 동물과 구별되는 점 중 하나가 直立한다는 것
　　입니다.　　　　　　　　　　　　　　　　　(　　　　)

2 다음 漢字(한자)의 訓(훈 : 뜻)과 音(음 : 소리)을 쓰세요.

> **보기**
>
> 字 ➡ 글자 자

(1) 出 (   )   (2) 直 (   )

(3) 所 (   )   (4) 住 (   )

(5) 正 (   )   (6) 市 (   )

(7) 方 (   )   (8) 姓 (   )

(9) 名 (   )   ⑽ 入 (   )

3 다음 밑줄 친 단어의 漢字語(한자어)를 **보기** 에서 골라 그 번호를 쓰세요.

> **보기**
>
> ① 名所   ② 入學   ③ 地方   ④ 住民

(1) 우리 시에는 많은 주민이 살고 있습니다.   (   )

(2) 자기 고장의 명소를 소개하는 책자를 썼습니다.

(   )

(3) 그는 지방에서 올라왔습니다.   (   )

(4) 입학 선물로 가방을 받았습니다.   (   )

4 다음 訓(훈 : 뜻)과 音(음 : 소리)에 맞는 漢字(한자)를 보기 에서 골라 그 번호를 쓰세요.

보기

① 出   ② 市   ③ 所   ④ 正   ⑤ 住
⑥ 入   ⑦ 姓   ⑧ 名   ⑨ 直   ⑩ 方

(1) 바를 정   (   )   (2) 모 방   (   )

(3) 날 출   (   )   (4) 살 주   (   )

(5) 저자 시   (   )   (6) 곧을 직   (   )

(7) 바 소   (   )   (8) 들 입   (   )

(9) 성 성   (   )   (10) 이름 명   (   )

5 다음 밑줄 친 구절의 뜻에 가장 가까운 漢字語(한자어)를 보기 에서 골라 그 번호를 쓰세요.

보기

① 內面   ② 入室   ③ 名門   ④ 同姓

(1) 그는 이름난 집안의 장손입니다.   (   )

(2) 방에 들어가기 전에 신발을 벗어라.   (   )

6 다음 漢字(한자)의 상대 또는 반대되는 漢字(한자)를 **보기** 에서 골라 그 번호를 쓰세요.

보기

① 外   ② 入   ③ 正   ④ 方

(1) 出 ↔ (   )   (2) 內 ↔ (   )

7 다음 漢字語(한자어)의 뜻을 쓰세요.

(1) 住民   (   )

(2) 所有   (   )

8 다음 漢字(한자)의 진하게 표시한 획은 몇 번째 쓰는지 **보기** 에서 찾아 그 번호를 쓰세요.

보기

① 첫 번째   ② 두 번째   ③ 세 번째   ④ 네 번째
⑤ 다섯 번째   ⑥ 여섯 번째   ⑦ 일곱 번째   ⑧ 여덟 번째
⑨ 아홉 번째   ⑩ 열 번째

(1) 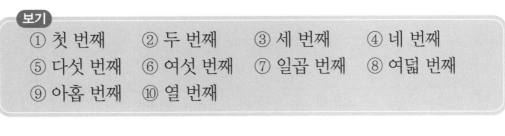 (   )

(2)  (   )

월   일   확인

이름

흐린 한자를 필순에 맞게 쓰고, 빈칸에 훈(뜻)과 음(소리)을 쓰세요.

1 우리나라의 국보 제1호는 南大門입니다.

훈 [   ]   음 [   ]

2 백두산은 北韓에 있습니다.

훈 [   ]   음 [   ]

3 그는 장래가 유망한 青年입니다.

훈 [   ]   음 [   ]

4 운동회 때 白軍 대표로 뽑혔습니다.

훈 [   ]   음 [   ]

5 우리 父母님은 자상하십니다.

훈 [   ]   음 [   ]

6 母女가 매우 닮았습니다.

훈 [   ]   음 [   ]

7 學父兄이 되었습니다.

훈 [   ]   음 [   ]

8 그 兄弟는 우애가 넘칩니다.

훈 [   ]   음 [   ]

9 그는 萬人에게 존경받는 사람입니다.

훈 [   ]   음 [   ]

10 새로 女先生님이 오셨습니다.

훈 [   ]   음 [   ]

한자능력검정시험
사회 익히기

사회와 관련된 한자입니다.

 立 설 립

 世 인간 세

 間 사이 간

 電 번개 전

 氣 기운 기

 不 아닐 불
부

 平 평평할 평

 有 있을 유

 重 무거울 중

 車 수레 거
차

월   일   확인

이름

立

훈설 음립

사람이 땅 위에 서 있는 모습을 본뜬 글자로,
서다를 뜻합니다.

立부수(총 5획)

立 立 立 立 立

📍 필순에 따라 빈칸에 立을 쓰고, 훈과 음을 쓰세요.

立	立	立	立	立	立	立
설립	설립	설립	설립	설립	설립	설립

📍 빈칸에 漢字(한자)의 음을 쓰고, 立이 쓰인 낱말을 읽어 보세요.

· 自立(☐☐) : 남에게 예속되거나 의지하지 아니하고 스스로 섬.   (自 : 스스로 자)

· 中立(☐☐) : 어느 편에도 치우치지 아니하고 공정하게 처신함.   (中 : 가운데 중)

월 _____ 일 _____   확인

이름 _____

世

훈 **인간** 음 **세**

世 → 世 → 世

몇 개의 나뭇잎이 이어져 있는 모양을 본뜬 글자로, **인간**, **세대** 등을 뜻합니다.

一부수(총 5획)

世 世 世 世 世

🖊 필순에 따라 빈칸에 世를 쓰고, 훈과 음을 쓰세요.

世	世	世	世	世	世	世
인간 세	인간 세	인간 세	인간 세	인간 세	인간 세	인간 세

🖊 빈칸에 漢字(한자)의 음을 쓰고, 世가 쓰인 낱말을 읽어 보세요.

· 世上(☐☐) : 사람이 살고 있는 모든 사회. (上 : 윗 상)

· 出世(☐☐) : 사회적으로 높은 지위에 오르거나 유명하게 됨. (出 : 날 출)

63

間

훈 **사이** 음 **간**

門 + 日 = 間

문 문   날 일

대문(門) 틈 사이로 빛(日)이 들어오는 모습을
나타내어 **사이**, **틈**을 뜻합니다.

門부수 (총 12획)

間 間 間 間 間 間 間 間 間 間 間 間

📀 필순에 따라 빈칸에 間을 쓰고, 훈과 음을 쓰세요.

間	間	間	間	間	間	間
사이 간	사이간	사이간	사이간	사이간	사이간	사이간

📀 빈칸에 漢字(한자)의 음을 쓰고, 間이 쓰인 낱말을 읽어 보세요.

· 人間(⬚ ⬚) : 사람.   (人 : 사람 인)

· 空間(⬚ ⬚) : 아무것도 없는 빈 곳.   (空 : 빌 공)

월   일   확인

이름

電

훈 번개 음 전

雨 + 申 = 電

비 우   펼 신

번개가 치는 모습을 나타낸 申(펼 신)에
雨(비 우)를 더하여 **번개**를 뜻합니다.

雨부수(총 13획)   電電電電電電電電電電電電電

🔖 필순에 따라 빈칸에 電을 쓰고, 훈과 음을 쓰세요.

電	電	電	電	電	電	電
번개 전	번개 전	번개 전	번개 전	번개 전	번개 전	번개 전

🔖 빈칸에 漢字(한자)의 음을 쓰고, 電이 쓰인 낱말을 읽어 보세요.

· 電氣(☐ ☐) : 전자의 움직임 때문에 생기는 에너지.   (氣 : 기운 기)

· 電力(☐ ☐) : 전류가 단위 시간에 하는 일.   (力 : 힘 력)

氣

气 + **米** = **氣**
기운 기   쌀 미

공기의 흐름을 나타낸 气(기운 기)에 米(쌀 미)를
합해 **기운, 공기**를 뜻합니다.

훈 기운 음 기

气 부수(총 10획)   氣氣氣氣氣氣氣氣氣氣

✐ 필순에 따라 빈칸에 氣를 쓰고, 훈과 음을 쓰세요.

氣	氣	氣	氣	氣	氣	氣
기운 기	기운 기	기운 기	기운 기	기운 기	기운 기	기운 기

✐ 빈칸에 漢字(한자)의 음을 쓰고, 氣가 쓰인 낱말을 읽어 보세요.

• 生氣(　　) : 싱싱하고 힘찬 기운.   (生 : 날 생)

• 空氣(　　) : 지구를 둘러싼 대기의 하층부를 구성하는 무색, 무취의 투명한 기체.
                                                          (空 : 빌 공)

不

훈 아닐 음 불/부

땅속의 뿌리가 뻗어가는 모양을 본뜬 글자로,
아니다를 뜻합니다.

一부수(총 4획)

不 不 不 不

🔖 필순에 따라 빈칸에 不을 쓰고, 훈과 음을 쓰세요.

不	不	不	不	不	不	不
아닐 불/부	아닐 불/부	아닐 불/부	아닐 불/부	아닐 불/부	아닐 불/부	아닐 불/부

🔖 빈칸에 漢字(한자)의 음을 쓰고, 不이 쓰인 낱말을 읽어 보세요.

· 不安(☐ ☐) : 마음이 편하지 아니하고 조마조마함.   (安 : 편안 안)

· 不動(☐ ☐) : 물건이나 몸이 움직이지 아니함.   (動 : 움직일 동)

※ 不 다음에 오는 글자의 첫머리가 'ㄷ' 또는 'ㅈ'이면 '부'라고 읽습니다.

월   일   확인

이름

平

훈 평평할 음 평

平부수(총 5획)

쭈 → 平 → 平

저울의 모양을 본뜬 글자로, 저울이 수평을 이룬다는 데서 **평평하다**를 뜻합니다.

平 平 平 平 平

📝 필순에 따라 빈칸에 平을 쓰고, 훈과 음을 쓰세요.

平	平	平	平	平	平	平
평평할 평	평평할 평	평평할 평	평평할 평	평평할 평	평평할 평	평평할 평

📝 빈칸에 漢字(한자)의 음을 쓰고, 平이 쓰인 낱말을 읽어 보세요.

· 平生 (☐ ☐) : 세상에 태어나서 죽을 때까지의 동안.   (生 : 날 생)

· 平日 (☐ ☐) : 평상시. 토요일, 일요일, 공휴일이 아닌 보통 날.   (日 : 날 일)

월   일   확인

이름

有

훈 **있을** 음 **유**

月부수(총 6획)

손에 고기를 들고 있다는 데서 **있다**를 뜻합니다.

有 有 有 有 有 有

🔖 필순에 따라 빈칸에 有를 쓰고, 훈과 음을 쓰세요.

有	有	有	有	有	有	有
있을 유	있을 유	있을 유	있을 유	있을 유	있을 유	있을 유

🔖 빈칸에 漢字(한자)의 음을 쓰고, 有가 쓰인 낱말을 읽어 보세요.

· 有名(☐☐) : 이름이 널리 알려져 있음.   (名 : 이름 명)

· 有力(☐☐) : 세력이나 재산이 있음.   (力 : 힘 력)

重

훈 무거울 음 중

イ + 東 = 重

사람 인   동녘 동

東은 양쪽을 묶은 자루를 나타내는데, 사람(イ)이
등에 자루(東)를 지고 있다는 데서 **무겁다**를 뜻합니다.

里부수(총 9획)

重 重 重 重 重 重 重 重 重

🖊 필순에 따라 빈칸에 重을 쓰고, 훈과 음을 쓰세요.

重	重	重	重	重	重	重
무거울 중	무거울 중	무거울 중	무거울 중	무거울 중	무거울 중	무거울 중

🖊 빈칸에 漢字(한자)의 음을 쓰고, 重이 쓰인 낱말을 읽어 보세요.

· 重大 (　　　) : 가볍게 여길 수 없을 만큼 매우 중요하고 큼.　　　(大 : 큰 대)

· 重力 (　　　) : 지구 위의 물체가 지구로부터 받는 힘.　　　(力 : 힘 력)

월   일   확인

이름

車
훈 수레 음 거/차

두 개의 바퀴가 달린 **수레**의 모양을 본뜬 한자입니다.

車부수(총 7획)

車 車 車 車 車 車 車

※ 사람의 힘으로 움직이면 '거'(자전거·인력거), 동력의 힘으로 움직이면 '차'(자동차·전동차)라고 읽습니다.

🖊 필순에 따라 빈칸에 車를 쓰고, 훈과 음을 쓰세요.

車	車	車	車	車	車	車
수레 거/차	수레 거/차	수레 거/차	수레 거/차	수레 거/차	수레 거/차	수레 거/차

🖊 빈칸에 漢字(한자)의 음을 쓰고, 車가 쓰인 낱말을 읽어 보세요.

· 人力車(☐☐☐) : 사람이 끄는, 바퀴가 두 개 달린 수레.(人 : 사람 인, 力 : 힘 력)

· 自動車(☐☐☐) : 원동기를 장치하여 그 동력으로 바퀴를 굴려서 땅 위를 움직이도록 만든 차. (自 : 스스로 자, 動 : 움직일 동)

확인 학습 4

✎ 흐린 한자를 필순에 맞게 쓰고, 빈칸에 훈(뜻)과 음(소리)을 쓰세요.

1 친구와 市立 도서관에서 공부하기로 했습니다.

훈 [   ] 음 [   ]

2 世上에는 좋은 사람이 더 많습니다.

훈 [   ] 음 [   ]

3 人間은 사회적 동물입니다.

훈 [   ] 음 [   ]

4 電氣는 우리 생활에서 매우 중요합니다.

훈 [   ] 음 [   ]

5 그녀는 항상 生氣가 넘쳐 보입니다.

훈 [   ] 음 [   ]

6 중간고사가 다가오니 몹시 합니다.

훈 [   ]   음 [   ]

7 그분의 은혜는  잊지 못할 것입니다.

훈 [   ]   음 [   ]

8 그는 세계적으로 한 축구 선수입니다.

훈 [   ]   음 [   ]

9 그는 순간의 실수로 重大한 과오를 범했습니다.

훈 [   ]   음 [   ]

10 自動車 매연으로 대기 오염이 심각합니다.

훈 [   ]   음 [   ]

기출 및 예상 문제

1 다음 밑줄 친 漢字語(한자어)의 音(음 : 소리)을 쓰세요.

보기

漢字 ➡ 한자

⑴ 그는 세계적으로 有名한 과학자입니다.　　　(　　　　)

⑵ 넓은 世上을 구경하기 위해 돌아다녔습니다.

(　　　　)

⑶ 신선한 空氣를 마셨습니다.　　　(　　　　)

⑷ 人間의 본성은 선합니다.　　　(　　　　)

⑸ 스위스는 中立 국가입니다.　　　(　　　　)

⑹ 그는 끊임없이 不平을 늘어놓았습니다.　　　(　　　　)

⑺ 가게는 平日보다 주말에 손님이 많습니다.　(　　　　)

⑻ 사고가 나서 電氣 공급이 중단되었습니다.　(　　　　)

⑼ 대통령이 重大 발표를 했습니다.　　　(　　　　)

⑽ 과거에는 人力車가 주요 교통수단의 하나였습니다.

(　　　　)

2 다음 漢字(한자)의 訓(훈 : 뜻)과 音(음 : 소리)을 쓰세요.

> 보기
>
> 字 ➡ 글자 자

(1) 不 (   )   (2) 電 (   )

(3) 世 (   )   (4) 車 (   )

(5) 有 (   )   (6) 平 (   )

(7) 間 (   )   (8) 重 (   )

(9) 氣 (   )   (10) 立 (   )

3 다음 밑줄 친 단어의 漢字語(한자어)를 보기 에서 골라 그 번호를 쓰세요.

> 보기
>
> ① 平生   ② 重力   ③ 人氣   ④ 電力

(1) 여름이 되자 전력 소비량이 증가했습니다.   (   )

(2) 철호는 우리 반에서 인기가 많습니다.   (   )

(3) 그는 아이들을 가르치는 것을 평생의 천직으로 여겼습니다.
    (   )

(4) 사과가 나무에서 떨어지는 이유는 지구의 중력 때문입니다.
    (   )

4 다음 訓(훈 : 뜻)과 音(음 : 소리)에 맞는 漢字(한자)를 보기 에서 골라 그 번호를 쓰세요.

보기
①立 ②間 ③重 ④平 ⑤電
⑥有 ⑦車 ⑧不 ⑨氣 ⑩世

(1) 인간 세 (   )　　(2) 아닐 불/부 (   )

(3) 있을 유 (   )　　(4) 사이 간 (   )

(5) 번개 전 (   )　　(6) 기운 기 (   )

(7) 설 립 (   )　　(8) 무거울 중 (   )

(9) 수레 거/차 (   )　　(10) 평평할 평 (   )

5 다음 밑줄 친 구절의 뜻에 가장 가까운 漢字語(한자어)를 보기 에서 골라 그 번호를 쓰세요.

보기
①世人 ②天下 ③後日 ④電力

(1) 세상 사람들의 주목을 끌었습니다. (   )

(2) 전기의 힘을 이용한 생활 도구가 많습니다. (   )

6 다음 漢字(한자)의 상대 또는 반대되는 漢字(한자)를 **보기** 에서 골라 그 번호를 쓰세요.

> **보기**
>
> ① 立   ② 右   ③ 北   ④ 西

(1) 東 ↔ (   )   (2) 左 ↔ (   )

7 다음 漢字語(한자어)의 뜻을 쓰세요.

(1) 有名   (   )

(2) 世上   (   )

8 다음 漢字(한자)의 진하게 표시한 획은 몇 번째 쓰는지 **보기** 에서 찾아 그 번호를 쓰세요.

> **보기**
>
> ① 첫 번째   ② 두 번째   ③ 세 번째   ④ 네 번째
> ⑤ 다섯 번째   ⑥ 여섯 번째   ⑦ 일곱 번째   ⑧ 여덟 번째
> ⑨ 아홉 번째   ⑩ 열 번째

(1) 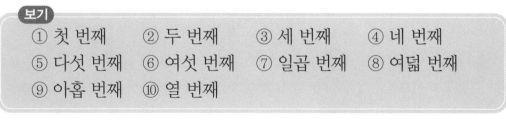 平 (   )

(2) 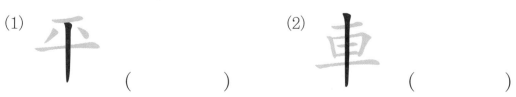 車 (   )

월   일   확인

이름

🖊 흐린 한자를 필순에 맞게 쓰고, 빈칸에 훈(뜻)과 음(소리)을 쓰세요.

1 三寸과 박물관에 갔습니다.   훈 [   ] 음 [   ]

2 그녀는 집안의 長女입니다.   훈 [   ] 음 [   ]

3 學校 다녀오겠습니다.   훈 [   ] 음 [   ]

4 아이들이 校門으로 나오고 있습니다.   훈 [   ] 음 [   ]

훈 [   ] 음 [   ]

5 우리 반 教室은 깨끗합니다.   훈 [   ] 음 [   ]

6 室外에서 마음껏 뛰어놀았습니다.   훈 [   ] 음 [   ]

7 우리 先生님이 최고입니다.   훈 [   ] 음 [   ]

8 내일은 내 生日입니다.   훈 [   ] 음 [   ]

9 大門이 활짝 열렸습니다.   훈 [   ] 음 [   ]

10 우리 형은 中學生입니다.   훈 [   ] 음 [   ]

한자능력검정시험
신체 익히기

신체와 관련된 한자입니다.

	面 낯 면		口 입 구
	手 손 수		足 발 족
	力 힘 력		命 목숨 명
	老 늙을 로		少 적을 소
	男 사내 남		子 아들 자

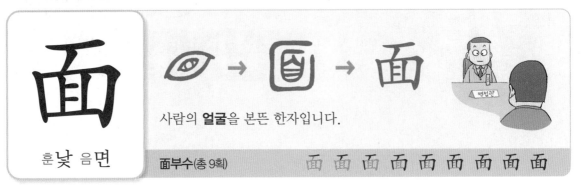

월   일

이름

확인

면

훈낯 음면

사람의 **얼굴**을 본뜬 한자입니다.

面부수(총 9획)

面 面 面 面 面 面 面 面 面

🖊 필순에 따라 빈칸에 面을 쓰고, 훈과 음을 쓰세요.

面	面	面	面	面	面	面
낯 면	낯 면	낯 면	낯 면	낯 면	낯 면	낯 면

🖊 빈칸에 漢字(한자)의 음을 쓰고, 面이 쓰인 낱말을 읽어 보세요.

· 地面(☐ ☐) : 땅바닥.   (地 : 땅 지)

· 場面(☐ ☐) : 어떤 장소에서 겉으로 드러난 면이나 벌어진 광경.   (場 : 마당 장)

80

월   일   확인

이름

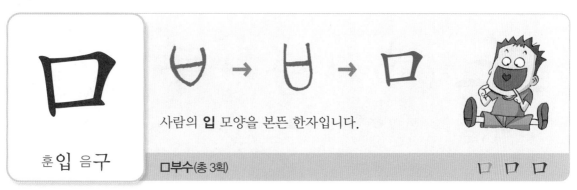

사람의 **입** 모양을 본뜬 한자입니다.

口

훈**입** 음**구**

口부수(총 3획)

口 口 口

🖊 필순에 따라 빈칸에 口를 쓰고, 훈과 음을 쓰세요.

口	口	口	口	口	口	口
입구	입구	입구	입구	입구	입구	입구

🖊 빈칸에 漢字(한자)의 음을 쓰고, 口가 쓰인 낱말을 읽어 보세요.

· 人口 (☐ ☐) : 일정한 지역에 사는 사람의 수.   (人 : 사람 인)

· 食口 (☐ ☐) : 한집에서 함께 살면서 끼니를 같이하는 사람.   (食 : 밥/먹을 식)

월   일   확인

이름

훈 손 음 수

한 쪽 **손**의 모양을 본뜬 한자입니다.

手부수(총 4획)

手 手 手 手

🖊 필순에 따라 빈칸에 **手**를 쓰고, 훈과 음을 쓰세요.

手	手	手	手	手	手	手
손 수	손 수	손 수	손 수	손 수	손 수	손 수

🖊 빈칸에 漢字(한자)의 음을 쓰고, **手**가 쓰인 낱말을 읽어 보세요.

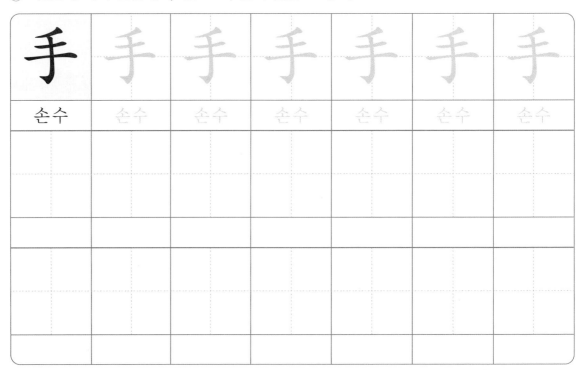

· **手足**(☐☐) : 손발.   (足 : 발 족)

· **木手**(☐☐) : 나무를 다루어 집을 짓거나 가구 따위를 만드는 일을 업으로 하는 사람.

(木 : 나무 목)

手의 상대 반의어 – 足(발 족)

82

월   일   확인

이름

足

훈발 음족

足부수(총 7획)

무릎에서 **발**까지의 모양을 본뜬 한자입니다.

足 足 足 足 足 足 足

✏️ 필순에 따라 빈칸에 足을 쓰고, 훈과 음을 쓰세요.

足	足	足	足	足	足	足
발 족	발족	발족	발족	발족	발족	발족

✏️ 빈칸에 漢字(한자)의 음을 쓰고, 足이 쓰인 낱말을 읽어 보세요.

· 不足(☐☐) : 충분하지 아니함.   (不 : 아닐 불/부)

· 自足(☐☐) : 스스로 넉넉함을 느낌.   (自 : 스스로 자)

足의 상대 반의어-手(손 수)

월   일

이름

확인

力

훈 **힘** 음 **력**

⌣ → ◯ → 力

힘을 준 팔에 근육이 불거진 모양을 본뜬 한자입니다.

力부수(총 2획)

力 力

🎧 필순에 따라 빈칸에 力을 쓰고, 훈과 음을 쓰세요.

力	力	力	力	力	力	力
힘 력	힘 력	힘 력	힘 력	힘 력	힘 력	힘 력

🎧 빈칸에 漢字(한자)의 음을 쓰고, 力이 쓰인 낱말을 읽어 보세요.

· **國力**(☐☐) : 한 나라가 지닌 정치, 경제 따위의 모든 방면에서의 힘.   (國 : 나라 국)

· **力道**(☐☐) : 역기를 들어 올려 그 중량을 겨루는 경기.   (道 : 길 도)

※ 力이 한자어의 맨 앞에 올 때는 '역'으로 읽습니다.

훈 **목숨** 음 **명**

令 + 口 = 命

명령 령   입구

입(口)으로 명령(令)을 내리는 것에서 후에
목숨을 뜻하게 된 한자입니다.

口부수(총 8획)

命 命 命 命 命 命 命 命

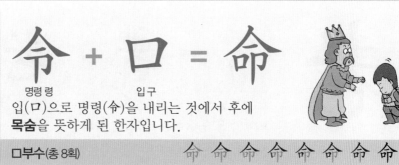

🖊 필순에 따라 빈칸에 命을 쓰고, 훈과 음을 쓰세요.

命	命	命	命	命	命	命
목숨 명	목숨 명	목숨 명	목숨 명	목숨 명	목숨 명	목숨 명

🖊 빈칸에 漢字(한자)의 음을 쓰고, 命이 쓰인 낱말을 읽어 보세요.

・**人命**(☐☐) : 사람의 목숨.   (人 : 사람 인)

・**命中**(☐☐) : 화살이나 총알 따위가 겨냥한 곳에 바로 맞음.   (中 : 가운데 중)

老

훈 늙을 음 로

등이 구부정하고 손에 지팡이를 짚고 걸어가는
노인의 모습을 본뜬 글자로, **늙다**를 뜻합니다.

老부수(총 6획)

老 老 老 老 老 老

🖊 필순에 따라 빈칸에 老를 쓰고, 훈과 음을 쓰세요.

老	老	老	老	老	老	老
늙을 로	늙을 로	늙을 로	늙을 로	늙을 로	늙을 로	늙을 로

🖊 빈칸에 漢字(한자)의 음을 쓰고, 老가 쓰인 낱말을 읽어 보세요.

• 老人(　　) : 나이가 들어 늙은 사람.　　　　　　　　　(人 : 사람 인)

• 老少(　　) : 늙은이와 젊은이.　　　　　　　　　　　(少 : 적을 소)

※ 老가 한자어의 맨 앞에 올 때는 '노'로 읽습니다.

老의 상대 반의어 –少(적을 소)

월　　　일

이름

확인

월 　 일 　 확인

이름

훈 적을 음 소

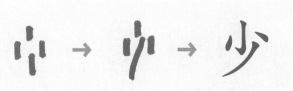

작은 모래 알갱이를 본뜬 글자로, **적다**를 뜻합니다.

小부수(총 4획) 　　　　　　　　　 少 少 少 少

📌 필순에 따라 빈칸에 少를 쓰고, 훈과 음을 쓰세요.

少	少	少	少	少	少	少
적을 소	적을 소	적을 소	적을 소	적을 소	적을 소	적을 소

📌 빈칸에 漢字(한자)의 음을 쓰고, 少가 쓰인 낱말을 읽어 보세요.

- 少年(☐☐) : 아직 완전히 성숙하지 아니한 어린 사내아이. 　　　(年 : 해 년)
- 少女(☐☐) : 아직 완전히 성숙하지 아니한 어린 여자아이. 　　　(女 : 계집 녀)

少의 상대 반의어 – 老(늙을 로)

| 月 | | 일 | 확인 |

이름

男

훈 사내 음 남

田부수(총 7획)

밭에서 농기구를 가지고 일을 하는 **남자**를 뜻합니다.

男 男 男 男 男 男 男

📝 필순에 따라 빈칸에 男을 쓰고, 훈과 음을 쓰세요.

男	男	男	男	男	男	男
사내 남	사내 남	사내 남	사내 남	사내 남	사내 남	사내 남

📝 빈칸에 漢字(한자)의 음을 쓰고, 男이 쓰인 낱말을 읽어 보세요.

· 男子(☐☐) : 남성으로 태어난 사람.　　　　　　　　　　　　(子 : 아들 자)

· 男女(☐☐) : 남자와 여자.　　　　　　　　　　　　　　　　(女 : 계집 녀)

男의 상대 반의어-女(계집 녀)

子

훈 아들 음 자

子부수(총 3획)

머리와 손이 있고 두 다리가 강보에 싸여 있는
아기의 모습을 본뜬 한자입니다.

子 子 子

📖 필순에 따라 빈칸에 子를 쓰고, 훈과 음을 쓰세요.

子	子	子	子	子	子	子
아들자	아들자	아들자	아들자	아들자	아들자	아들자

📖 빈칸에 漢字(한자)의 음을 쓰고, 子가 쓰인 낱말을 읽어 보세요.

• 子女(☐☐) : 아들과 딸.   (女 : 계집 녀)

• 父子(☐☐) : 아버지와 아들.   (父 : 아비 부)

子의 상대 반의어―女(계집 녀)

89

✏️ 흐린 한자를 필순에 맞게 쓰고, 빈칸에 훈(뜻)과 음(소리)을 쓰세요.

1 이 도로는 **地面**이 고르지 않습니다.

훈 [　　　] 음 [　　　]

2 우리나라에서 **人口**가 가장 많은 도시는 서울입니다.

훈 [　　　] 음 [　　　]

3 솜씨 좋은 **木手**에게 집을 지어달라고 부탁했습니다.

훈 [　　　] 음 [　　　]

4 오늘날의 농촌은 일손이 많이 **不足**합니다.

훈 [　　　] 음 [　　　]

5 그 사업가는 **自力**으로 성공했습니다.

훈 [　　　] 음 [　　　]

6 우리 모두 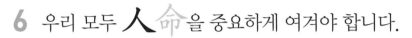을 중요하게 여겨야 합니다.

 훈 [   ] 음 [   ]

7 버스에서 께 자리를 양보했습니다.

훈 [   ] 음 [   ]

8 그 少女의 눈은 맑고 순수합니다.

훈 [   ] 음 [   ]

9 男女 노소 할 것 없이 모두 하나가 되어 응원했습니다.

 훈 [   ] 음 [   ]

10 아버지와 나는 父子간입니다.

훈 [   ] 음 [   ]

1 다음 밑줄 친 漢字語(한자어)의 音(음 : 소리)을 쓰세요.

> 보기
>
> 漢字 ➡ 한자

(1) 할아버지는 솜씨 좋은 木手입니다.　　　　　(　　　　)

(2) 人口 조사를 하였습니다.　　　　　　　　　(　　　　)

(3) 父子가 꼭 닮았습니다.　　　　　　　　　　(　　　　)

(4) 지금의 농촌은 일손이 많이 不足합니다.　　(　　　　)

(5) 그곳에 火力 발전소가 세워질 예정입니다.　(　　　　)

(6) 그 場面이 머릿속에 맴돌았습니다.　　　　　(　　　　)

(7) 老人을 공경해야 합니다.　　　　　　　　　(　　　　)

(8) 生命은 소중합니다.　　　　　　　　　　　(　　　　)

(9) 한 男子가 문을 열고 들어섰습니다.　　　　(　　　　)

(10) 열다섯 명의 少年이 무인도에 도착했습니다. (　　　　)

2 다음 漢字(한자)의 訓(훈 : 뜻)과 音(음 : 소리)을 쓰세요.

> 보기
>
> 字 ➡ 글자 자

(1) 面 (   )   (2) 老 (   )

(3) 少 (   )   (4) 足 (   )

(5) 力 (   )   (6) 男 (   )

(7) 子 (   )   (8) 口 (   )

(9) 手 (   )   (10) 命 (   )

3 다음 밑줄 친 단어의 漢字語(한자어)를 보기 에서 골라 그 번호를 쓰세요.

> 보기
>
> ① 水面   ② 命中   ③ 少女   ④ 年老

(1) 창가에 한 소녀가 앉아 있습니다.   (   )

(2) 우리 할아버지는 연로하셔서 거동이 불편하십니다.

(   )

(3) 잔잔한 수면에 얼굴을 비추었습니다.   (   )

(4) 화살이 과녁에 명중되었습니다.   (   )

4 다음 訓(훈 : 뜻)과 音(음 : 소리)에 맞는 漢字(한자)를 [보기]에서 골라 그 번호를 쓰세요.

> **보기**
>
> ① 命   ② 老   ③ 面   ④ 足   ⑤ 口
> ⑥ 少   ⑦ 力   ⑧ 男   ⑨ 手   ⑩ 子

(1) 입 구   (   )   (2) 늙을 로   (   )

(3) 손 수   (   )   (4) 적을 소   (   )

(5) 아들 자   (   )   (6) 낯 면   (   )

(7) 목숨 명   (   )   (8) 발 족   (   )

(9) 사내 남   (   )   ⑩ 힘 력   (   )

5 다음 밑줄 친 구절의 뜻에 가장 가까운 漢字語(한자어)를 [보기]에서 골라 그 번호를 쓰세요.

> **보기**
>
> ① 出口   ② 水力   ③ 自力   ④ 人命

(1) 물의 힘을 이용하여 전기를 만들었습니다.   (   )

(2) 사람의 목숨은 하늘에 달려 있습니다.   (   )

6 다음 漢字(한자)의 상대 또는 반대되는 漢字(한자)를 보기 에서 골라 그 번호를 쓰세요.

> **보기**
>
> ① 口   ② 力   ③ 足   ④ 少

(1) 手 ↔ (   )   (2) 老 ↔ (   )

7 다음 漢字語(한자어)의 뜻을 쓰세요.

(1) 地面   (   )

(2) 老少   (   )

8 다음 漢字(한자)의 진하게 표시한 획은 몇 번째 쓰는지 보기 에서 찾아 그 번호를 쓰세요.

> **보기**
>
> ① 첫 번째   ② 두 번째   ③ 세 번째   ④ 네 번째
> ⑤ 다섯 번째   ⑥ 여섯 번째   ⑦ 일곱 번째   ⑧ 여덟 번째
> ⑨ 아홉 번째   ⑩ 열 번째

(1) 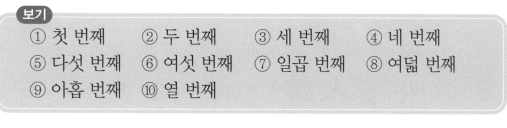 (   )   (2)  (   )

8급 한자 복습

월   일   확인

이름

🖊 흐린 한자를 필순에 맞게 쓰고, 빈칸에 훈(뜻)과 음(소리)을 쓰세요.

1 형이 大學에 다니고 있습니다.   훈 [　] 음 [　]

2 大韓民國의 국기는 태극기입니다.   훈 [　] 음 [　]

3 國民 모두가 열심히 일했습니다.   훈 [　] 음 [　]

4 많은 해외 동포가 母國을 방문했습니다.   훈 [　] 음 [　]

5 軍人 아저씨께 위문편지를 썼습니다.   훈 [　] 음 [　]

6 새 國王이 즉위했습니다.   훈 [　] 음 [　]

7 여름철에는 年中 비가 많이 내립니다.   훈 [　] 음 [　]

8 걸리버는 小人國에 도착했습니다.   훈 [　] 음 [　]

9 친구가 外國으로 이민 갔습니다.   훈 [　] 음 [　]

10 법 앞에서는 萬民이 평등합니다.   훈 [　] 음 [　]

부록

상대 반의어

한 쌍의 말 사이에 서로 공통되는
의미요소가 있으면서 서로 반대되는
관계에 있는 한자입니다.

상대 반의어

월   일

이름

확인

🔖 다음 상대 반의어를 읽고, 흐린 한자를 따라 쓰세요.

江山	강 강, 메 산	강과 산.	江山
教學	가르칠 교, 배울 학	가르치고 배움.	教學
男女	사내 남, 계집 녀	남자와 여자.	男女
南北	남녘 남, 북녘 북	남쪽과 북쪽.	南北
內外	안 내, 바깥 외	안과 밖.	內外
老少	늙을 로, 적을 소	늙은이와 젊은이.	老少
大小	큰 대, 작을 소	크고 작음.	大小
東西	동녘 동, 서녘 서	동쪽과 서쪽.	東西

월   일   확인

이름

다음 상대 반의어를 읽고, 흐린 한자를 따라 쓰세요.

問答	물을 문, 대답 답	물음과 대답.	問答
父母	아비 부, 어미 모	아버지와 어머니.	父母
山川	메 산, 내 천	산과 내.	山川
山海	메 산, 바다 해	산과 바다.	山海
上下	윗 상, 아래 하	위와 아래.	上下
先後	먼저 선, 뒤 후	먼저와 나중.	先後
手足	손 수, 발 족	손과 발.	手足
水火	물 수, 불 화	물과 불.	水火

상대 반의어

📎 다음 상대 반의어를 읽고, 흐린 한자를 따라 쓰세요.

日月	날 일, 달 월	해와 달.	日月
前後	앞 전, 뒤 후	앞과 뒤.	前後
左右	왼 좌, 오른 우	왼쪽과 오른쪽.	左右
天地	하늘 천, 땅 지	하늘과 땅.	天地
春秋	봄 춘, 가을 추	봄과 가을. 어른의 나이를 높여 이르는 말.	春秋
出入	날 출, 들 입	들고 나감. 어느 곳을 드나듦.	出入
夏冬	여름 하, 겨울 동	여름과 겨울.	夏冬
兄弟	형 형, 아우 제	형과 아우.	兄弟

확인 학습 1 18p~19p

1. 하늘, 천
2. 땅, 지
3. 스스로, 자
4. 그릴, 연
5. 내, 천
6. 강, 강
7. 바다, 해
8. 수풀, 림
9. 꽃, 화
10. 풀, 초

제1회 기출 및 예상 문제 20p~23p

1. (1) 천국   (2) 한강   (3) 산천
   (4) 국화   (5) 산림   (6) 자동
   (7) 토지   (8) 해군   (9) 초가
   (10) 천연
2. (1) 꽃 화   (2) 스스로 자 (3) 땅 지
   (4) 바다 해   (5) 강 강   (6) 풀 초
   (7) 내 천   (8) 하늘 천   (9) 그릴 연
   (10) 수풀 림
3. (1) ①   (2) ③   (3) ②   (4) ④
4. (1) ⑩   (2) ⑤   (3) ⑧   (4) ⑥
   (5) ④   (6) ③   (7) ②   (8) ⑨
   (9) ⑦   (10) ①
5. (1) ②   (2) ④
6. (1) ①   (2) ③
7. (1) 산과 숲.   (2) 마을이나 지방, 산천, 지역 따위의 이름.
8. (1) ⑩   (2) ⑤

8급 한자 복습 24p

1. 한, 일
2. 두, 이
3. 석, 삼
4. 넉, 사
5. 다섯, 오
6. 여섯, 륙
7. 일곱, 칠
8. 여덟, 팔
9. 아홉, 구
10. 열, 십

확인 학습 2 36p~37p

1. 심을, 식
2. 물건, 물
3. 빛, 색
4. 윗, 상
5. 아래, 하
6. 왼, 좌
7. 오른, 우
8. 앞, 전
9. 뒤, 후
10. 안, 내

제2회 기출 및 예상 문제 38p~41p

1. (1) 식목일   (2) 후세   (3) 색지
   (4) 지상   (5) 내심   (6) 좌우
   (7) 전년   (8) 하교   (9) 동물
   (10) 좌수
2. (1) 왼 좌   (2) 오른 우   (3) 빛 색
   (4) 심을 식   (5) 앞 전   (6) 안 내
   (7) 뒤 후   (8) 윗 상   (9) 물건 물
   (10) 아래 하
3. (1) ②   (2) ③   (3) ④   (4) ①
4. (1) ③   (2) ⑧   (3) ⑤   (4) ②
   (5) ①   (6) ⑦   (7) ④   (8) ⑩
   (9) ⑥   (10) ⑨
5. (1) ④   (2) ②
6. (1) ③   (2) ①
7. (1) 도시의 안.   (2) 흰색.
8. (1) ②   (2) ④

8급 한자 복습 42p

1. 날, 일
2. 달, 월
3. 불, 화
4. 물, 수
5. 나무, 목
6. 쇠/성, 금/김
7. 흙, 토
8. 메, 산
9. 동녘, 동
10. 서녘, 서

확인 학습 3 54p~55p

1. 날, 출
2. 들, 입
3. 바를, 정
4. 곧을, 직
5. 모, 방
6. 살, 주
7. 바, 소
8. 성, 성
9. 이름, 명
10. 저자, 시

제3회 기출 및 예상 문제 56p~59p

1. (1) 시민   (2) 입구   (3) 정직
   (4) 정문   (5) 외출   (6) 주소
   (7) 명산   (8) 성명   (9) 사방
   (10) 직립
2. (1) 날 출   (2) 곧을 직   (3) 바 소

(4) 살 주　　　(5) 바를 정　　　(6) 저자 시
(7) 모 방　　　(8) 성 성　　　(9) 이름 명
(10) 들 입

3. (1) ④　　　(2) ①　　　(3) ③　　　(4) ②
4. (1) ④　　　(2) ⑩　　　(3) ①　　　(4) ⑤
　　(5) ②　　　(6) ⑨　　　(7) ③　　　(8) ⑥
　　(9) ⑦　　　(10) ⑧
5. (1) ③　　　(2) ②
6. (1) ②　　　(2) ①
7. (1) 일정한 지역에 살고 있는 사람.
　　(2) 가지고 있음.
8. (1) ①　　　(2) ⑤

8급 한자 복습 60p

1. 남녘, 남　　　　　2. 북녘/달아날, 북/배
3. 푸를, 청　　　4. 흰, 백　　　5. 아비, 부
6. 어미, 모　　　7. 형, 형　　　8. 아우, 제
9. 사람, 인　　　10. 계집, 녀

확인 학습 4 72p~73p

1. 설, 립　　　　　2. 인간, 세
3. 사이, 간　　　4. 번개, 전　　　5. 기운, 기
6. 아닐, 불/부　　　7. 평평할, 평　　8. 있을, 유
9. 무거울, 중　　　10. 수레, 거/차

제 4회 기출 및 예상 문제 74p~77p

1. (1) 유명　　　(2) 세상　　　(3) 공기
　　(4) 인간　　　(5) 중립　　　(6) 불평
　　(7) 평일　　　(8) 전기　　　(9) 중대
　　(10) 인력거
2. (1) 아닐 불/부　(2) 번개 전　(3) 인간 세
　　(4) 수레 거/차　(5) 있을 유　(6) 평평할 평
　　(7) 사이 간　　(8) 무거울 중　(9) 기운 기
　　(10) 설 립
3. (1) ④　　　(2) ③　　　(3) ①　　　(4) ②
4. (1) ⑩　　　(2) ⑧　　　(3) ⑥　　　(4) ②
　　(5) ⑤　　　(6) ⑨　　　(7) ①　　　(8) ③
　　(9) ⑦　　　(10) ④
5. (1) ①　　　(2) ④
6. (1) ④　　　(2) ②

7. (1) 이름이 널리 알려져 있음.
　　(2) 사람이 살고 있는 모든 사회.
8. (1) ⑤　　　(2) ⑦

8급 한자 복습 78p

1. 마디, 촌　　　2. 긴, 장　　　3. 배울, 학
4. 학교, 교　　　5. 가르칠, 교　　6. 집, 실
7. 먼저, 선　　　8. 날, 생　　　9. 문, 문
10. 가운데, 중

확인 학습 5 90p~91p

1. 낯, 면　　　2. 입, 구　　　3. 손, 수
4. 발, 족　　　5. 힘, 력　　　6. 목숨, 명
7. 늙을, 로　　　8. 적을, 소　　　9. 사내, 남
10. 아들, 자

제 5회 기출 및 예상 문제 92p~95p

1. (1) 목수　　　(2) 인구　　　(3) 부자
　　(4) 부족　　　(5) 화력　　　(6) 장면
　　(7) 노인　　　(8) 생명　　　(9) 남자
　　(10) 소년
2. (1) 낯 면　　　(2) 늙을 로　　(3) 적을 소
　　(4) 발 족　　　(5) 힘 력　　　(6) 사내 남
　　(7) 아들 자　　(8) 입 구　　　(9) 손 수
　　(10) 목숨 명
3. (1) ③　　　(2) ④　　　(3) ①　　　(4) ②
4. (1) ⑤　　　(2) ②　　　(3) ⑨　　　(4) ⑥
　　(5) ⑩　　　(6) ③　　　(7) ①　　　(8) ④
　　(9) ⑧　　　(10) ⑦
5. (1) ②　　　(2) ④
6. (1) ③　　　(2) ④
7. (1) 땅바닥.　　(2) 늙은이와 젊은이.
8. (1) ⑧　　　(2) ④

8급 한자 복습 96p

1. 큰, 대　　　　　2. 한국/나라, 한
3. 백성, 민　　　4. 나라, 국　　　5. 군사, 군
6. 임금, 왕　　　7. 해, 년　　　8. 작을, 소
9. 바깥, 외　　　10. 일만, 만

제1회

1. 강 강
2. 가르칠 교
3. 저자 시
4. 아홉 구
5. 수레 거/차
6. 동녘 동
7. 손 수
8. 백성 민
9. 뒤 후
10. 집 실
11. 스스로 자
12. 물건 물
13. 형 형
14. 사이 간
15. 배울 학
16. 불 화
17. 발 족
18. 문 문
19. 아들 자
20. 쇠 금/성 김
21. 화산
22. 청년
23. 시내
24. 좌우
25. 국왕
26. 교문
27. 삼만
28. 남녀
29. 선생
30. 대한민국
31. 수문
32. 전기
33. 세상
34. 사촌
35. 제자
36. 외국
37. 직립
38. 목수
39. 남북
40. 강산
41. 자백
42. 삼월
43. ②
44. ⑤
45. ⑥
46. ⑦
47. ①
48. ⑧
49. ④
50. ⑩
51. ③
52. ⑨
53. ③
54. ①
55. ①
56. ④
57. 남자와 여자
58. 성과 이름
59. ④
60. ⑤

제2회

1. 시민
2. 형제
3. 인생
4. 천국
5. 화초
6. 식물
7. 산림
8. 하교
9. 강남
10. 내면
11. 사방
12. 소유
13. 지명
14. 전차
15. 생기
16. 만물
17. 평생
18. 중대
19. 정직
20. 자연
21. 소년
22. 국화
23. 유명
24. 해군
25. 출구
26. 토지
27. 산천
28. 명산
29. 지상
30. 소중
31. 주소
32. 명중
33. 수풀 림
34. 바다 해
35. 목숨 명
36. 입 구
37. 사내 남
38. 심을 식
39. 있을 유
40. 적을 소
41. 내 천
42. 그럴 연
43. 살 주
44. 인간 세
45. 낮 면
46. 강 강
47. 빛 색
48. 군사 군
49. 어미 모
50. 푸를 청
51. 아우 제
52. 배울 학
53. ②
54. ③
55. ④
56. ⑩
57. ①
58. ⑤
59. ②
60. ⑥
61. ⑧
62. ⑦

63. ③
64. ⑨
65. ②
66. ④
67. 곧게 섬
68. 땅속
69. ④
70. ⑤

제3회

1. 하늘 천
2. 스스로 자
3. 꽃 화
4. 물건 물
5. 아래 하
6. 왼 좌
7. 뒤 후
8. 바를 정
9. 모 방
10. 바 소
11. 저자 시
12. 사이 간
13. 평평할 평
14. 늙을 로
15. 발 족
16. 마디 촌
17. 서녘 서
18. 있을 유
19. 먼저 선
20. 집 실
21. 전기
22. 시립
23. 천지

24. 부자
25. 노인
26. 유력
27. 노년
28. 생일
29. 세상
30. 부족
31. 입구
32. 기력
33. 후학
34. 천국
35. 산림
36. 하교
37. 전생
38. 인간
39. 외출
40. 왕자
41. 천연
42. 장남
43. 수면
44. 자립
45. 중력
46. 좌우
47. 평일
48. 형제
49. 지방
50. 강산
51. 전자
52. 세간
53. ⑥
54. ③
55. ②
56. ⑧
57. ①

58. ⑤
59. ④
60. ⑦
61. ⑩
62. ⑨
63. ③
64. ①
65. ②
66. ①
67. 중요하고도 큼
68. 사람의 목숨
69. ⑤
70. ④